sucos e vitaminas para crianças

sucos e vitaminas para crianças

Mais de 60 receitas saudáveis de sucos e vitaminas que as crianças vão adorar

Manole

1ª edição na Grã-Bretanha em 2007 sob o título
Juices & Smoothies for Kids pela Hamlyn, um selo
da Octopus Publishing Groups Ltd,
2-4 Heron Quays, Docklands, London E14 4JP

Copyright © 2007 Octopus Publishing Group Ltd

Tradução: Stella E. O. Tagnin
Livre-docente pela Universidade de São Paulo e
professora da Pós-graduação do Programa de
Estudos Lingüísticos e Literários em Inglês

Dados Internacionais de Catalogação na Publicação (CIP)
(Câmara Brasileira do Livro, SP, Brasil)

Cross, Amanda
  Sucos e vitaminas para crianças : mais de 60 receitas saudáveis de sucos e vitaminas que as crianças vão adorar / Amanda Cross [tradução Stella E. O. Tagnin]. – Barueri, SP : Manole, 2007.

  Título original: Juices and smoothies for kids.
  ISBN 978-85-204-2635-7

  1. Crianças - Saúde 2. Dietas com baixa quantidade de carboidratos - Receitas 3. Sucos de frutas 4. Sucos de vegetais 5. Vitaminas (Bebidas)
  I. Título.

07-2457   CDD-641.5638

Índices para catálogo sistemático:
  1. Sucos e vitaminas para crianças : Baixa quantidade de carboidratos : Culinária 641.5638

Todos os direitos reservados.
Nenhuma parte deste livro poderá ser reproduzida, por qualquer processo, sem a permissão expressa dos editores.
É proibida a reprodução por xerox.

1ª edição – 2007

Direitos em língua portuguesa adquiridos pela:
Editora Manole Ltda.
Avenida Ceci, 672 – Tamboré
06460-120 – Barueri – SP – Brasil
Tel.: (11) 4196-6000 – Fax: (11) 4196-6021
www.manole.com.br
info@manole.com.br

Impresso na China
Printed in China

Notas

As colheres usadas como medida em todas as receitas seguem o padrão:

1 colher de sopa = 15 ml
1 colher de chá = 5 ml

Este livro não deve ser tomado como substituto de tratamento médico; consulte sempre um profissional sobre todas as questões relativas à saúde. Embora os conselhos e as informações neste livro sejam considerados corretos, nem o autor, nem os editores podem assumir qualquer responsabilidade legal por qualquer problema de saúde sofrido ao seguir os conselhos aqui contidos.

sumário

6 Introdução

16 *Frutas favoritas*

60 *Hortaliças vitais*

84 *Super vitaminas*

126 Índice remissivo

128 Agradecimentos

Introdução

Seus filhos se recusam a comer repolho e torcem o nariz para brócolis? Preferem um biscoito a uma maçã?

Pois bem, isso faz parte da eterna batalha entre pais e filhos quando se trata de fazer com que atinjam a meta de ingerir 5 frutas e hortaliças por dia. Com certeza eles prefeririam avançar em um pacote de salgadinhos ou em uma barra de chocolate – afinal, são crianças, o que podíamos esperar?

Não é de admirar que os pais tenham de enfrentar essa batalha. Os fabricantes de alimentos do mundo todo estão empenhados em manipular seus filhos para que queiram bebidas e lanchinhos com pouco ou nenhum valor nutritivo, e, muito sinceramente, estão criando uma série de problemas de saúde para toda uma geração de crianças em desenvolvimento.

Sejamos realistas, aos olhos de uma criança, qualquer guloseima com "sabor banana" tende, com uma boa divulgação, a ganhar facilmente de uma banana de verdade. Esses produtos estão cheios de açúcar viciante, muitas gorduras hidrogenadas, bastante sal e mais alguns aditivos para completar. Além disso, todos os amiguinhos do seu filho comem isso no recreio, e até podem ganhar um dos bonequinhos de personagens dos desenhos animados que estão colecionando!

Mas esse bonequinho já terá desaparecido há muito tempo quando eles se juntarem ao número cada vez maior de adolescentes com diagnóstico de diabetes ou quando descobrirem, já adultos, que desenvolveram problemas cardíacos ou câncer. Certamente o bonequinho não os ajudará a fazer suas tarefas de casa ou a ter uma boa noite de sono. E quando a obesidade afetar sua autoconfiança, impedindo-os de participar de atividades físicas que poderiam ajudá-los a se sentir mais saudáveis e confiantes, não vão conseguir nenhum conforto com um herói da infância há muito esquecido.

Tudo isso pode parecer um tanto duro, mas, infelizmente, é um problema sério que piora dia a dia. Felizmente, no entanto, para a sorte de muitas crianças, os adultos que se preocupam com elas estão se dando conta de que a forma como alimentam os filhos hoje terá um impacto – positivo ou negativo – no amanhã deles. Com muita dedicação, um pouco de imaginação e um toque de astúcia, você pode melhorar a situação de forma surpreendente. O mais importante é começar já, pois quanto antes você conseguir fazer com que as crianças tenham prazer em consumir alimentos naturais saudáveis, menor a chance de elas criarem hábitos alimentares que podem comprometer seriamente seu bem-estar futuro.

A primeira estratégia nessa batalha pela saúde deve ser envolver as crianças em alguma atividade que as deixe com sede, porque aí os deliciosos sucos e vitaminas neste livro cairão como uma luva e, em vez das recusas de sempre, você até poderá ouvir um "quero mais".

Por que fazer sucos?

Os sucos são a forma mais fácil e eficaz de garantir que seus filhos atinjam a meta de ingerir cinco frutas e hortaliças por dia e colham os benefícios das vitaminas, minerais, fitonutrientes e enzimas que essas fontes naturais de energia contêm.

Cinco razões para ingerir cinco por dia

1 Energia crua É melhor consumir a maioria das frutas e hortaliças cruas, porque o processo de cozimento destrói muitas das enzimas vitais tão importantes para a saúde. Uma criança em idade de crescimento depende de uma dieta rica em enzimas para manter o metabolismo saudável, digerir e converter alimento em tecido corporal e produzir energia suficiente para encarar o dia.

2 Estimulante imunológico Comer muitas frutas e hortaliças coloridas é uma apólice de seguro que afasta bactérias e infecções e ajuda a prevenir futuras doenças degenerativas, pois os fitonutrientes que elas contêm desintoxicam o organismo, combatem os radicais livres e são essenciais para um sistema imunológico eficaz.

3 Ação instantânea Os nutrientes nas frutas e hortaliças são liberados quando o processo digestivo os separa da fibra indigesta. No entanto, são assimilados com rapidez muito maior e em maiores quantidades sob a forma de suco.

4 Reidratação Frutas e hortaliças contêm grande quantidade de água – um requisito vital para o organismo humano, pois somos constituídos por cerca de 60% de H_2O e esses níveis precisam ser constantemente mantidos, em especial, nas crianças ativas. Bebidas gaseificadas tendem a desidratar o organismo, de modo que os sucos são uma excelente opção.

5 Tudo natural Por que você pensaria em dar ao seu filho uma bebida cheia de aditivos perigosos, cafeína e altos níveis de açúcar ou adoçantes artificiais, se o alimento em sua forma natural tem um sabor muito melhor e faz tão bem? O tempo irá mostrar como terá valido a pena fazer esse esforço agora.

Torne-se um guerreiro do arco-íris

Para obter uma combinação nutricional perfeita de vitaminas, minerais, antioxidantes e fitonutrientes, coma sempre frutas e hortaliças vermelhas, verdes, amarelas, cor-de-laranja e roxas. Incentive seus filhos a escolherem frutas e hortaliças de cores variadas quando forem fazer compras. Conseguir envolvê-los nessa atividade aumentará o entusiasmo quando chegar a hora de preparar e beber os sucos e as vitaminas. Você pode até criar uma tabela com as diferentes cores para cada dia da semana e fazer com que eles marquem quando tiverem tomado suas doses diárias de verde, amarelo, vermelho, roxo etc. Faça com que seja divertido e também saudável.

Por que comprar alimentos orgânicos?

Foi-se o tempo em que tudo era cultivado em solo fertilizado naturalmente e se comiam as frutas e hortaliças da época. O quadro nutricional hoje é bem diferente:

- Os campos são pulverizados com herbicidas, pesticidas e fungicidas.
- Os métodos de cultivo intensivo do solo estão acabando com seus minerais vitais.
- A demanda por frutas e hortaliças fora de época significa que estão sendo colhidas antes de amadurecerem, depois transportadas e armazenadas sob refrigeração. Até chegarem às prateleiras dos supermercados, seu valor nutritivo já desapareceu.
- Os produtos orgânicos são cultivados sob condições sustentáveis – sem pesticidas, ingredientes artificiais, conservantes ou irradiação.

Sempre que usar frutas e hortaliças de origem desconhecida:

- Remova a casca de frutas cítricas que possam ter sido polidas.
- Descasque frutas e hortaliças duras não orgânicas antes de centrifugar ou lave com água morna e um pouco de detergente; enxágue muito bem e seque.
- Lave todas as frutas e folhas antes de usar.

Congele frutas como melão, abacaxi, banana, uva, manga, mamão e frutas exóticas como mirtilo e oxicoco. Lave as frutas vermelhas, descasque e pique as outras frutas quando necessário; em seguida, congele em bandejas de um dia para o outro e, no dia seguinte, transfira para recipientes ou sacos plásticos próprios para congelar. Dessa forma, as frutas ficam separadas e fáceis de retirar – em vez de formarem um grande bloco congelado.

Como extrair o suco

O primeiro passo para incorporar sucos e vitaminas saudáveis à dieta do seu filho é equipar-se com os eletrodomésticos adequados para a tarefa.

Gaste o quanto puder em aparelhos de boa qualidade e de fabricantes bem conceituados. Produtos mais baratos podem parecer um bom negócio, mas, em geral, acabam quebrando quando usados diariamente. A experiência ensina que quanto mais barato for o extrator de sucos, pior a qualidade do suco. Um extrator de boa qualidade extrairá mais nutrientes contidos na casca, pele e sementes de certas frutas e hortaliças para que você possa usufruir da gama completa de benefícios que elas têm a oferecer.

Liqüidificador

Procure um liqüidificador com várias velocidades, pois você terá de moer gelo e bater frutas congeladas.

Extratores de Suco

Há dois tipos principais de extratores de suco. Quer você escolha um tipo ou outro, o ponto principal é observar que quanto mais seca a polpa, mais eficaz o extrator.

Por centrifugação: A centrífuga é o extrator mais usado e mais em conta. As frutas e hortaliças são colocadas em uma peneira giratória de alta velocidade, separando o suco da polpa.

Por trituração: Os extratores maiores e mais caros, em geral, funcionam por trituração ou pulverização. As frutas e hortaliças são impulsionadas através de um filtro de aço inoxidável – essa ação é muito poderosa e produz uma grande quantidade de suco e polpa muito seca. Em comparação com a centrífuga, o suco contém mais nutrientes, não só porque a quantidade de suco é maior, mas porque não foi extraído por meio de uma lâmina metálica giratória que produz calor, destruindo, desse modo, as enzimas vitais.

Como Aproveitar a Polpa

Em vez de jogar fora a polpa das frutas e hortaliças, aproveite-a em vitaminas, *muffins*, sopas, cozidos, pratos que incluam carne etc., para aumentar seu valor nutritivo e a quantidade de fibra. Se for congelar, lembre-se de acrescentar um pouco de suco de limão.

Dicas para fazer os sucos

- Use frutas e hortaliças frescas e firmes para obter o máximo de nutrientes.
- Lave e escove bem todas as frutas e hortaliças.
- Remova todos os talos e sementes grandes.
- Passe as frutas e hortaliças no extrator lenta e firmemente, usando o êmbolo que o acompanha – nunca use facas ou outros utensílios metálicos. Se seus filhos estiverem ajudando, não deixe de supervisioná-los.
- Não corte as frutas e hortaliças em pedaços muito pequenos – de preferência, corte de um tamanho que entre facilmente na boca do aparelho.
- Quando usar hortaliças de folha, faça um rolinho com as folhas e passe no extrator, seguido de frutas e hortaliças mais duras, o que também ajuda a passar frutas mais moles.
- Não tente centrifugar bananas, abacates ou frutas muito maduras – isso vai entupir o aparelho. Use-as em vitaminas.
- A parte mais desagradável de fazer sucos é limpar o aparelho depois de usar – isso deve ser feito assim que você terminar o suco e tem de ser muito bem feito, pois qualquer resíduo vai favorecer o crescimento de bactérias. Por essa razão, procure um aparelho fácil de desmontar.
- A maioria dos aparelhos vem com uma escova especial para limpar o filtro ou a peneira. Esponjas de aço são excelentes para essa limpeza.

Picolés feitos em casa podem ser uma guloseima saudável se forem feitos com suco de fruta natural. Muitas das receitas neste livro podem ser congeladas.

Quantidade de Suco

A quantidade de suco pode variar ligeiramente de acordo com o aparelho usado, o grau de maturação e o tamanho de certas frutas, mas, em geral, os ícones neste livro representam os seguintes volumes.

1 copo padrão (aprox. 200 ml)

1 copo pequeno (aprox. 150 ml)

1 picolé (aprox. 75 ml)

O volume da forma de picolé depende da marca do produto. Considere uma pequena variação no número de picolés que cada receita rende.

Introdução **11**

As melhores frutas e hortaliças para sucos e vitaminas

Frutas

Abacaxi É antiinflamatório, antiviral e antibacteriano; contém a enzima digestiva bromelina, que é essencial para a digestão das proteínas. Evite tomar o suco de abacaxi puro, pois pode atacar o esmalte dos dentes.

Banana Um dos ingredientes clássicos das vitaminas, a banana é famosa por fornecer propriedades energéticas quando se está em atividade, assim como pela capacidade calmante devido a seu alto teor de triptofano. Quando transformada em polpa e congelada, é um delicioso substituto do sorvete.

Cereja Contém antioxidantes poderosos. Como não contém muito suco, é melhor usar as cerejas em vitaminas. São uma boa fonte de ácido fólico, vitamina C e cálcio.

Damasco Um acréscimo saboroso a vitaminas – secos, frescos ou em calda. Os damascos são ricos em minerais e vitaminas, especialmente em vitamina A, betacaroteno – que fortalece o sistema imunológico – e cálcio. Também são uma boa fonte de ferro.

Framboesa Contém analgésico natural e dá uma cor especial a sucos e vitaminas. A framboesa pode ter um sabor um tanto azedo, de modo que convém combiná-la com frutas mais doces para criar bebidas que agradem às crianças e possam ajudar a aliviar a dor.

Groselha preta Tem propriedades antiviral e antibacteriana por ser muito rica em vitamina C. Combina muito bem com maçã e as crianças adoram seu sabor.

Kiwi É uma boa fonte de fibra e rico em vitamina C, que acelera a cura e fortalece o sistema imunológico.

Laranja Contém carotenóides, bioflavonóides e altíssimos níveis de vitamina C. As frutas cítricas são antivirais, antibacterianas, extremamente versáteis e saborosas.

Maçã Um excelente ingrediente para sucos. A maçã limpa o sistema digestivo e fortalece o sistema imunológico. É excelente base para muitos sucos; até mesmo uma quantidade pequena de maçã vai suavizar o sabor mais forte de uma mistura de hortaliças.

Mamão É o campeão quando se trata de ajudar o sistema digestivo porque contém papaína. Essa enzima ajuda a quebrar as proteínas. Também repõe os níveis de vitamina C.

Manga Fortalece as defesas do organismo, pois seus altos níveis de vitaminas A e C e betacaroteno atuam na prevenção de dano às células pelos radicais livres. Acrescenta um sabor doce de fruta a vitaminas à base de cítricos.

Melão Ingrediente altamente nutritivo, é um diurético natural e um poderoso purificador e desintoxicante. Em razão de seu alto conteúdo de água, também é excelente para a reidratação.

Morango Vai evitar que seu filho se torne anêmico, pois contém alto teor de vitamina C e ácido fólico, que é necessário para a produção das células vermelhas. Tanto em sucos como em vitaminas, os morangos são uma das frutas preferidas das crianças.

Mirtilo* Os mirtilos são uma cura natural para diarréia e têm efeito calmante nas dores de estômago. Como no caso de todas as frutinhas vermelhas, compre em boa quantidade quando encontrar e congele.

Oxicoco** É antiviral e antibiótico, mas é muito azedo e precisa ser combinado com frutas mais doces em sucos e vitaminas.

*N.T.: O mirtilo (*blueberry*) é pouco cultivado no Brasil, mas pode ser encontrado em bons supermercados.

Pêra O suco de pêra é fabuloso quando se está desmamando uma criança, pois rarissimamente causa reação alérgica. É excelente para uma liberação lenta de energia e, quando combinado com ameixa ou pêssego, é um laxante eficaz.

Pêssego Tem suave efeito laxativo e é bom para acalmar estômagos irritados. O pêssego sob a forma de purê com um pouco de limão e mel é uma excelente combinação natural contra a tosse.

Uva Branca, vermelha, verde ou rosada, a uva é muito doce e fácil de extrair o suco. Ela neutraliza o sabor amargo de algumas hortaliças. Seu alto teor de glicose faz dela um estimulante eficaz para crianças apáticas, e seus altos níveis de potássio fazem com que seja indicada para depois de atividades físicas.

**N.T.: O oxicoco (*cranberry*) não é cultivado no Brasil. Por ter alto teor de vitamina C, pode ser substituído por acerola.

Hortaliças

Abacate* Alimento completo, rico em nutrientes essenciais, seu alto teor de vitamina E é excelente para manter a pele saudável, curar feridas e, obviamente, estimular o sistema imunológico.

Aipo É um desintoxicante natural, excelente para purificar o sistema digestivo. Tem alto teor de potássio, de modo que é maravilhoso para a reidratação.

Alface Contém alto teor de vitamina C, betacaroteno, flavonóides e ácido fólico. Use vários tipos de alface, já que todos têm fitonutrientes um tanto diferentes. Em princípio, todos têm propriedades antioxidantes, purificam o trato digestivo e aumentam a atividade das bactérias nos intestinos. Uma boa opção para incluir nos sucos das crianças, uma vez que seu sabor é bastante suave.

Beterraba Contém alto teor de ácido fólico, que é necessário para a produção dos glóbulos vermelhos. Tem efeito regulador sobre o sistema digestivo, estimula e fortalece os intestinos, eliminando as toxinas do organismo. As funções dos rins e do fígado podem ser melhoradas e o sangue purificado e fortificado com o consumo regular de beterraba, que é muito doce e combina bem com frutinhas vermelhas, quando transformada em suco.

Brócolis Contém vitamina C em abundância e é membro da família das crucíferas, que são hortaliças muito ricas em antioxidantes. É fantástico quando misturado a frutas muito doces, como a maçã e o abacaxi.

Brotos de feijão e de sementes Contêm altos níveis de nutrientes de fácil absorção pelo organismo. São super-alimentos com alto teor de proteínas, enzimas, vitaminas e minerais. Protegem contra o câncer e estimulam todos os sistemas do organismo.

Cenoura Verdadeira usina de energia nutritiva com alto teor de betacaroteno, combate infecções e estimula a imunidade. A cenoura é eficaz contra a degeneração macular e combina bem com praticamente todos os outros ingredientes.

Espinafre Uma das hortaliças de folha que deveria fazer parte da dieta diária, pois é rico em antioxidantes, betacaroteno e cálcio.

*N.E.: Tecnicamente, o abacate é uma fruta, mas é classificado por muitos como hortaliça.

14   Introdução

Combine o espinafre com sucos à base de frutas mais doces, algumas vezes durante a semana, para obter um excelente estimulante para a formação dos ossos.

Pepino Boa base para muitos sucos e vitaminas refrescantes, é um diurético natural e estimula a eliminação das toxinas pelo trato urinário. Além de conter compostos essenciais para a saúde do cabelo e da pele.

Tomate* Deve ser o melhor e mais versátil ingrediente que o homem conhece, além de ser fantástico para nossa saúde. Diminui o risco de câncer e doenças cardíacas, pois a presença de licopeno combate os radicais livres. Embora algumas crianças não gostem de tomate, ele combina bem com a maioria das outras frutas, de modo que fica camuflado.

*N.E.: O tomate é classificado como fruta, mas é geralmente tido como hortaliça.

O que não usar para fazer sucos

As seguintes frutas e hortaliças são inadequadas para fazer sucos:

Alho-poró – não se presta para a extração de suco, mas não há problema algum em comer essa hortaliça crua, desde que seja fresca e tenra.

Berinjela – membro da família das solanáceas, nunca deve ser ingerida crua, pois contém uma toxina chamada solanina, que pode causar diarréia, problemas cardíacos, dor de cabeça e vômito em algumas pessoas sensíveis.

Coco – praticamente não produz suco e é quase certo que vá danificar o extrator durante o processo.

Ruibarbo – contém alto teor de ácido oxálico, que danifica o rim e só é eliminado quando cozido.

Frutas favoritas

Este suco delicioso e refrescante tem alto teor de vitamina C para afastar resfriados, portanto, ofereça ao primeiro sinal de coriza. Morangos são analgésicos naturais e laranjas são ricas em potássio, o que é vital para a reidratação e faz deste suco uma boa opção para depois de brincadeiras cansativas. Congele o líquido para fazer um ótimo picolé contra dor de garganta.

Morangotango

200 g de **morangos frescos**
2 **laranjas**

Retire o cabinho dos morangos. Descasque as laranjas, separe a polpa em gomos e centrifugue junto com os morangos. Sirva direto sobre cubos de gelo ou bata no liqüidificador com duas pedras de gelo para fazer uma raspadinha. Decore com fatias de morango, se preferir.

RENDE

Boa fonte de vitamina C, potássio e cálcio

Rico em ferro, cálcio e potássio, este suco revigorante é ótimo para os ossos e os dentes. Também é muito energético e, quando combinado com um lanche protéico como nozes ou sementes, vai ajudar a manter as crianças bem ativas.

Bola de fogo

1 **manga madura**
½ **melão Gália**
200 ml **de suco de laranja**

Descasque a manga e pique a polpa grosseiramente. Descasque o melão, retire as sementes e pique a polpa grosseiramente. Coloque-os no liqüidificador. Adicione o suco de laranja e alguns cubos de gelo; bata até ficar cremoso. Sirva imediatamente.

RENDE

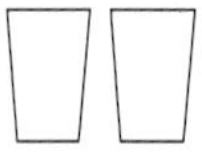

Boa fonte de vitaminas A e C, selênio e zinco

Um tônico vitamínico natural que ajuda a fortalecer o sistema imunológico e a afastar as bactérias. Um excelente suco para o café da manhã, incrementado pela adição de kiwis, que contêm muito mais vitamina C do que laranjas. Assim, combinando as duas frutas, você dará uma dose muito mais potente ao seu filho.

C em dose dupla

2 **laranjas grandes**
3 **kiwis**, sem casca

Descasque as laranjas, deixando o máximo possível da parte branca, e centrifugue com os kiwis. Sirva sobre gelo.

RENDE

Boa fonte de vitaminas A e C, potássio e ácido fólico

Frutas favoritas

A maçã é um depurador natural e, portanto, ótima para um sistema digestivo infantil que teve de lidar com muitas guloseimas de festa. Se você bater o suco no liqüidificador com duas ameixas secas, ele também pode aliviar a constipação.

Coceguinha

300 g de **maçã,** como Gala ou Fuji
200 g de **groselhas pretas**

Centrifugue as frutas e sirva sobre gelo como um ótimo substituto para o xarope de groselha. Decore com algumas frutinhas.

RENDE

Boa fonte de vitamina C, cálcio, cobre, zinco e ferro

Este é o suco perfeito para jovens que praticam esportes radicais, por conter alto teor de carboidratos energéticos, além das vitaminas B essenciais para liberar essa energia. O abacaxi também favorece a digestão em virtude da bromelina, uma enzima que ajuda a quebrar as proteínas.

Céu aberto

2 **pêras**
½ **limão siciliano**
200 g de **abacaxi fresco,** ou em calda

Se usar abacaxi fresco, descasque e corte a polpa em cubos. Centrifugue todas as frutas e sirva sobre gelo.

RENDE

Boa fonte de vitaminas B_1, B_6 e C, cálcio, zinco e cobre

Se formos comparar, o kiwi contém mais vitamina C do que a laranja. Garantir que a dieta de seu filho tenha vitamina C suficiente é vital para um efeito geral de cura, pois ela exerce papel fundamental na maioria das funções fisiológicas.

Kiwi maluco

2 **pêras maduras**
3 **kiwis**

Lave as pêras e descasque os kiwis. Corte as frutas em pedaços iguais e centrifugue. Despeje o suco em um copo, adicione alguns cubos de gelo, se quiser, e decore com fatias de kiwi.

RENDE

Boa fonte de vitaminas C e B_6, cobre, magnésio, fósforo e cálcio

Excelente refresco para o verão, especialmente quando as frutas estão no auge do amadurecimento. Compre a mais para congelar, assim você poderá acrescentar um gostinho de verão durante o ano todo. O cálcio e o ferro ajudam a prevenir a fadiga. Dá um ótimo picolé para dor de garganta.

Barão vermelho

100 g de **morangos**

75 g de **groselhas**

½ **laranja**

125 ml de **água**

½ colher (chá) de **mel claro** (opcional)

Retire os cabinhos dos morangos e das groselhas, e descasque a laranja. Centrifugue as frutas e adicione a água. Acrescente o mel, se usar. Despeje em formas de picolé e congele. Se servir como bebida, adicione cubos de gelo e decore com groselhas, se quiser.

RENDE

Boa fonte de vitaminas C, B_1 e B_2, niacina, B_6, ácido fólico, cobre, potássio, cálcio, magnésio e fósforo

Este suco é rico em carboidratos naturais, que são essenciais para o crescimento infantil. É especialmente bom antes de exercícios físicos, pois é uma excelente fonte de energia. Como a manga é muito doce, você pode usar variedades mais ácidas de maçã, como a Fuji.

Eu tenho a força!

3 **maçãs,** de preferência vermelhas
2 **maracujás**
1 **manga**

Lave as maçãs e corte em pedaços iguais. Corte os maracujás ao meio, retire a polpa e descarte a casca. Descasque a manga e pique a polpa grosseiramente. Centrifugue todos os ingredientes. Despeje o suco em copos e adicione cubos de gelo.

RENDE

Boa fonte de vitaminas A e C, potássio, magnésio, fósforo e ferro

Rico em carboidratos e minerais e um belo e doce combustível energético para crianças ativas, este suco é perfeito para quem pratica esportes e "abelhinhas ocupadas". Maçãs ácidas como a Granny Smith (maçã verde) contrabalançam o melão e o abacaxi, e o alto teor de água dos melões torna este suco muito refrescante.

Vá de verde

½ **melão Gália**
¼ de **abacaxi**
3 **maçãs verdes**

Descasque o melão e remova as sementes. Descasque o abacaxi e retire o miolo. Corte todas as frutas em pedaços iguais e centrifugue. Despeje em um copo e adicione alguns cubos de gelo.

RENDE

Boa fonte de vitaminas C, B_1, B_2 e B_6, cobre, potássio, magnésio, fósforo e cálcio

Este é um ótimo suco para acompanhar as refeições, pois a bromelina ajuda a quebrar as proteínas e as vitaminas B são necessárias para liberar a energia dos carboidratos. Manterá as crianças ativas até a hora do lanche.

Submarino amarelo

¼ de **abacaxi**

2 **pêras**

Descasque o abacaxi e retire o miolo. Corte as frutas em pedaços iguais e centrifugue. Despeje em um copo e adicione alguns cubos de gelo.

RENDE

Boa fonte de vitaminas C, B_1 e B_6, cálcio, ferro e cobre

Se escolher ameixas maduras (mas não maduras demais), será mais fácil retirar o caroço antes de centrifugar. As ameixas contêm potássio e ferro, e têm propriedades laxativas. Este suco vai garantir que seu filho ingira mais de uma maçã por dia, que é o recomendado.

Delícia de ameixa

5 **ameixas maduras**
3 **maçãs vermelhas**

Corte as ameixas em quatro e retire os caroços. Corte as maçãs em pedaços iguais. Centrifugue as frutas e despeje em um copo sobre alguns cubos de gelo.

RENDE

Boa fonte de vitaminas A, C e B$_6$, niacina, cobre e potássio

A maravilha deste néctar dourado é a quantidade de betacaroteno, vitamina C e ferro que ele contém. A vitamina C ajuda na absorção do ferro, o que torna este suco a opção ideal para qualquer criança que esteja se sentindo um pouco para baixo.

surpresa dourada

3 **damascos frescos**
1 **nectarina** ou **pêssego** grande
2 **maracujás**
150 ml de **suco de maçã,** feito na hora

Corte os damascos ao meio e retire o caroço. Corte a nectarina ou o pêssego ao meio e retire o caroço. (Se seus filhos não gostam de pedacinhos, descasque a fruta antes de começar.) Parta ao meio os maracujás, retire a polpa e passe-a por uma peneira para remover as sementes. Coloque tudo no liqüidificador com algumas pedras de gelo e bata até obter uma mistura homogênea.

RENDE

Boa fonte de vitaminas A e C, ferro e potássio

Este suco vai ajudar seu filho a passar bem o dia, pois contém grande quantidade de carboidratos que liberam energia, mais uma boa quantidade de vitamina C, que ajuda a aumentar a absorção de oxigênio e a produção de energia. Procure combinar com um lanche protéico, como queijo, para regular o açúcar no sangue e manter um desempenho consistente.

Carga na bateria

2 **kiwis**

300 g de **uvas verdes sem semente**

Descasque os kiwis e centrifugue junto com as uvas. Despeje o suco em um copo e adicione alguns cubos de gelo. Decore com fatias de kiwi, se quiser.

RENDE

Boa fonte de vitaminas C, B_1 e B_6, cobre, potássio, magnésio, fósforo e cálcio

Este é um bom suco para incluir no kit esportivo, pois, por ser isotônico, repõe o nível de potássio e mata a sede. As uvas são uma boa fonte de glicose e frutose e constituem um perfeito lanche energético.

Pontapé inicial

150 g de **melão Gália**
75 g de **uvas verdes sem semente**
150 ml de **água**

Descasque o melão e retire as sementes. Centrifugue o melão e as uvas. Adicione água, despeje em um copo e coloque alguns cubos de gelo.

RENDE

Boa fonte de vitaminas A, C, B_1 e B_6, magnésio, fósforo, cobre e potássio

Frutas favoritas 39

Com grande quantidade de água e alto índice glicêmico, este suco é perfeito para ser tomado antes de exercícios físicos. Além de boa quantidade de vitamina C, também fornece potássio, que é vital para os músculos e as funções nervosas, e pode aliviar o cansaço das pernas.

Capetinha vermelho

300 g de **melancia** (polpa de ¼ de uma fruta média)

125 g de **framboesas**

Retire a casca e as sementes da melancia. Corte a polpa em pedaços. Centrifugue todas as frutas, despeje em um copo com alguns pedaços de gelo raspado, se quiser.

RENDE

Boa fonte de vitaminas C e B$_6$, ácido fólico, cálcio, cobre e potássio

Os oxicocos podem parecer inadequados para crianças, por serem muito azedos, mas são tão ricos em vitamina C que vale a pena incluí-los em sucos e vitaminas. Este suco combina o doce da manga e da laranja com uma colher cheia de mel para contrabalançar a acidez dos oxicocos e aumentar ainda mais o teor de vitamina C.

Azedinho doce

1 **manga**
1 **laranja**
125 g de **oxicocos***
100 ml de **água**
1 colher (chá) de **mel claro**

Descasque a manga e retire o caroço. Descasque a laranja e separe a polpa em gomos. Centrifugue todas as frutas, despeje o suco em um copo e misture com a água e o mel. Adicione um pouco de gelo, se quiser, e sirva imediatamente.

RENDE

Boa fonte de vitaminas A, C, B_1 e B_6, cobre, potássio, cálcio e ferro

*N.T.: Também chamado uva-do-monte, o oxicoco (*cranberry*) não é cultivado no Brasil. Como tem alto teor de vitamina C, pode ser substituído por acerola. Se não encontrar a fruta fresca, use a polpa congelada, que é encontrada em supermercados.

Frutas favoritas

Um suco doce, rico em carboidratos e cálcio, perfeito para restabelecer os níveis de energia. Procure oferecer junto com uma barra de cereais ou um punhado de amêndoas e seu filho logo estará revigorado e brincando por aí.

Sapo no papo

2 **kiwis**
375 g de **melão Orange**
125 g de **uvas verdes sem semente**

Coloque um kiwi descascado no liqüidificador e bata até ficar cremoso. Coloque no fundo das formas de picolé e congele.

Descasque o melão e retire as sementes. Descasque o segundo kiwi. Corte o melão e o kiwi em pedaços iguais. Centrifugue todas as frutas, despeje sobre as formas já congeladas e leve novamente ao congelador até ficar pronto.

RENDE

Boa fonte de vitaminas C, B_6 e B_1, cobre, potássio, magnésio, fósforo e cálcio

Este suco refrescante supre quase toda a necessidade diária de betacaroteno, que é convertido pelo organismo em vitamina A, vital para um crescimento e desenvolvimento saudáveis.

Pesseguinho

3 **damascos**
1 **pêssego**
2 **maçãs**

Corte os damascos e o pêssego ao meio e retire os caroços. Centrifugue as maçãs, os damascos e o pêssego. Despeje o suco no liqüidificador com um pouco de gelo e bata por 10 segundos. Sirva em um copo alto.

RENDE

Boa fonte de vitaminas A e C, magnésio, ferro e zinco

Maçã e amora preta são uma combinação clássica, mas a amora preta pode ser azeda, de modo que é melhor escolher uma variedade doce de maçã, como a Gala ou a Red, por exemplo. As amoras são uma boa fonte de vitamina E, necessária para a cicatrização interna e externa, fazendo deste suco um esparadrapo líquido para todos aqueles cortes e arranhões.

Maçã sã

3 **maçãs**
150 g de **amoras pretas**
300 ml de **água**

Corte as maçãs em pedaços iguais. Centrifugue as frutas, e depois misture com a água. Sirva sobre cubos de gelo.

RENDE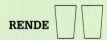

Boa fonte de vitaminas C, B$_6$ e E, cobre, magnésio, fósforo e cálcio

Frutas favoritas   47

O melão é rico em carotenóides e a amora preta é uma excelente fonte de antocianidinas. Seu filho pode não conseguir escrever o nome desses poderosos fitonutrientes, mas tenha a certeza de que este coquetel de antioxidantes devolverá a cor rosada às suas bochechas.

Meio-tempo

100 g de **melão Cantaloupe,** em cubos
100 g de **amoras pretas,** frescas ou congeladas
2 **kiwis**
100 ml de **suco de maçã**

Centrifugue o melão, as amoras pretas e os kiwis (não precisa descascar); coloque tudo no liqüidificador com o suco de maçã e bata com alguns cubos de gelo. Despeje em um copo, decore com amoras pretas e sirva.

RENDE

Boa fonte de vitaminas A e C e magnésio

Quando a temperatura estiver alta, prepare este maravilhoso coquetel de verão, repleto de vitamina C. É o presente perfeito para crianças suadas e grudentas.

Vulcão vermelho

150 g de **morangos**
125 g de **cerejas frescas**
125 g de **melancia**
100 ml de **suco de laranja**
500 ml de **água com gás,** gelada

Retire o cabinho dos morangos. Parta as cerejas ao meio e retire o caroço. Retire as sementes da melancia e corte em pedaços menores. Coloque todas as frutas no liqüidificador com o suco de laranja e bata até ficar cremoso. Se seu filho não gosta de pedacinhos no suco, peneire o purê de frutas para retirar as peles e as sementes. Despeje o purê em copos. Complete com a água com gás.

RENDE

Boa fonte de vitamina C, cálcio, magnésio, potássio e betacaroteno

Frutas favoritas

Se seu filho está desanimado e sem apetite, talvez este suco simples possa ajudá-lo a se recuperar. A adição de mel fornece a energia necessária e a vitamina C ajuda a fortalecer o sistema imunológico.

Abraço no copo

2 **laranjas**
1 **maçã vermelha**
1 **pêra**
1 colher (chá) de **mel claro** (opcional)

Descasque as laranjas e separe a polpa em gomos. Corte a maçã e a pêra em pedaços iguais. Centrifugue todas as frutas e despeje em um copo. Adicione o mel, se usar, e acrescente alguns cubos de gelo, se preferir.

RENDE

Boa fonte de vitaminas C, B_1, B_2 e B_6, ácido fólico, cálcio, cobre, potássio, magnésio e fósforo

Com sucos isotônicos como este, você pode jogar fora de vez todas as bebidas comerciais com altas doses de aditivos e açúcar. Refrescante, revitalizante e cheio de vitamina C, ele vai sustentar — e não drenar — seu filho.

Amasso de framboesa

2 **laranjas grandes**
175 g de **framboesas**
250 ml de **água**

Descasque as laranjas e separe a polpa em gomos. Centrifugue todas as frutas e, em seguida, acrescente a água. Despeje o suco em copos e coloque um pouco de gelo, se preferir.

RENDE ⊔⊔⊔

Boa fonte de vitaminas C, B_6 e B_1, ácido fólico, zinco, cobre, cálcio, ferro e potássio

A deficiência de ferro em crianças é um problema nutricional que ocorre em todo o mundo. Este suco fornece boa quantidade desse importante mineral, que ajuda no transporte do oxigênio pelo corpo, e melhora tanto o desempenho em sala de aula como nos esportes.

criança de ferro

2 **pêssegos**
300 ml de **água**
1 **maçã vermelha**
125 g de **morangos**

Retire os caroços dos pêssegos, corte-os em pedaços iguais e centrifugue. Adicione 1/3 da água e divida em partes iguais nas formas de picolé. Leve ao congelador até quase endurecer. Corte as maçãs em pedaços iguais e centrifugue. Adicione 1/3 da água, despeje em partes iguais sobre a mistura de pêssego já congelada e leve novamente ao congelador. Retire os cabinhos dos morangos e centrifugue. Adicione o restante da água, despeje sobre a mistura de maçã já congelada e leve ao congelador de novo até ficar pronto.

RENDE

Boa fonte de vitamina C, cobre, potássio, magnésio, fósforo e ferro

Frutas favoritas

Este suco é um poderoso coquetel antiviral por ser rico em vitamina C. Sirva em intervalos regulares juntamente com canja de galinha e um pouco de carinho quando seu filho estiver desanimado. Um suco desses por dia afastará bactérias e vírus para bem longe.

Doutor, doutor!

2 **laranjas**
1 **kiwi**, sem casca
200 g de **morangos**

Descasque as laranjas e separe a polpa em gomos. Pique o kiwi e reserve um pedaço para decorar. Retire os cabinhos dos morangos. Centrifugue todas as frutas. Sirva em um copo alto com gelo e o pedaço de kiwi.

RENDE

Boa fonte de vitamina C, potássio, magnésio e cálcio

Além de ser um tônico rico em vitaminas, este suco é um excelente laxante natural. Para aumentar a potência, acrescente algumas colheres de sopa de calda de ameixa e sirva com um punhado de sementes de abóbora para beliscar. Logo, todo o organismo estará funcionando perfeitamente.

Corre, coelhinho, corre!

2 **pêras**
2 **maçãs**

Pique as pêras e as maçãs, inclusive as partes centrais. Centrifugue as frutas e, depois, bata no liqüidificador com um pouco de gelo. Despeje em um copo alto e sirva.

RENDE

Boa fonte de vitamina C, potássio, magnésio e pectina

Hortaliças vitais

Se seu filho gosta de um toque picante, adicione um pedacinho de gengibre a esta combinação saborosa, que beneficia o sistema imunológico, fortalece a visão e fornece selênio e zinco para estimular a capacidade de raciocínio.

Capitão Z

250 g de **melão Cantaloupe**
1 **limão**
125 g de **cenouras**
1 cm de **raiz de gengibre** fresca

Descasque e retire as sementes do melão. Corte-o em cubos. Descasque o limão. Centrifugue as cenouras, o melão, o limão e a raiz de gengibre. Sirva em um copo com gelo, se desejar.

RENDE

Boa fonte de vitaminas A e C, selênio e zinco

Brotos são sementes e grãos que acabaram de germinar. Essas plantinhas estão repletas de todos os nutrientes necessários para produzir uma planta adulta – antioxidantes, vitaminas, minerais e micronutrientes –; nada melhor para dar a uma criança em crescimento!

Sonho verde

3 **talos de aipo**

2 **maçãs ácidas**, como as Granny Smith (maçã verde)

25 g de **broto de alfafa**

Corte os talos de aipo e as maçãs em pedaços iguais. Lave o broto de alfafa. Coloque na centrífuga todos os ingredientes em pequenas porções alternadas. Despeje em um copo, acrescente alguns cubos de gelo e sirva imediatamente.

RENDE

Boa fonte de vitaminas A, C, B$_6$ e K, potássio, ácido fólico, ferro e cálcio

Os sucos fornecem energia instantânea, portanto, são fabulosos quando os pequenos vão ficando um pouco apáticos. Desligue a televisão, ofereça um suco, e aí mande-os para fora para respirar um pouco de ar fresco. Isso trará a cor de volta às suas bochechas.

super-poderoso

125 g de **morangos**
250 g de **cenoura**
125 g de **beterraba**
1 **laranja**

Retire os cabinhos dos morangos. Centrifugue a cenoura, a beterraba e a laranja e bata no liqüidificador com os morangos e um pouco de gelo. Decore com um morango.

RENDE 🥛🥛

Boa fonte de vitaminas A e C, potássio, magnésio e selênio

Este suco é doce o bastante para agradar ao paladar infantil, especialmente por causa da laranja. Pode ser dado antes da refeição ou servido no almoço – uma benção para crianças que não comem hortaliças.

Pura energia

4 **tomates**

2 **laranjas,** sem casca

2 **talos de aipo,** mais pontas de talos com folhas

2 **cenouras**

Centrifugue todos os ingredientes, exceto as pontas dos talos com folhas. Despeje o suco em copos com gelo e sirva usando os talos com folhas como mexedores.

RENDE

Boa fonte de vitamina C, betacaroteno, potássio, licopeno, ácido fólico e sódio

Hortaliças vitais

Este é um ótimo suco para as crianças ajudarem a fazer, pois podem recitar um feitiço enquanto lavam e cortam – as cenouras para ajudar a ver melhor, a laranja para assustar os resfriados e uma maçã por dia para manter o médico bem longe.

Abracadabra

2 **cenouras,** aprox. 200 g no total
1 **laranja**
1 **maçã**, como a Granny Smith (maçã verde)

Raspe as cenouras. Descasque a laranja e separe em gomos. Corte as cenouras e a maçã em pedaços iguais. Centrifugue todos os ingredientes, despeje em um copo e adicione alguns cubos de gelo, se preferir.

RENDE

Boa fonte de vitaminas C, B_1 e B_6, betacaroteno, ácido fólico, potássio, cálcio e ferro

O mamão ajuda a acalmar o sistema digestivo, o pepino elimina as toxinas e a laranja fornece uma boa dose de vitamina C. O efeito que se obtém é calmante e hidratante; assim, tudo o que se tem a fazer é pegar uma criança exausta, suada e grudenta, acrescentar um copo de Refresco de Laranja, sentar e relaxar.

Refresco de laranja

125 g de **mamão**
125 g de **pepino**
2 **laranjas**

Descasque o mamão, o pepino e as laranjas (deixando o máximo possível da parte branca). Centrifugue tudo junto e sirva em um copo com gelo. Decore com fatias de pepino e mamão, se desejar.

RENDE

Boa fonte de vitaminas A e C, magnésio, potássio e selênio

Hortaliças vitais

Este suco naturalmente doce é ótimo para seu filho, caso ele esteja exausto e se sentindo meio desanimado. O morango é uma boa fonte de vitamina C e possui propriedades antivirais e antibióticas, enquanto o melão e o pepino hidratam e purificam o organismo, o que é essencial para ter fígado, rins e glândulas supra-renais saudáveis.

suco da hora

100 g de **morangos**
75 g de **melão Gália**
ou **Orange** em pedaços
75 g de **pepino**

Retire os cabinhos dos morangos e centrifugue com o melão e o pepino. Sirva em um copo alto com gelo, decorado com fatias de pepino, se desejar.

RENDE

Boa fonte de vitamina C, magnésio, potássio, betacaroteno e cálcio

Se seu filho é propenso a ter enjôos em viagens, o gengibre deste suco ajudará a aliviar a náusea. Também auxilia na digestão e previne resfriados — um campeão em todos os sentidos.

Boa viagem

2 **cenouras**
1 **maçã ácida,** como a Granny Smith (maçã verde)
1 cm de **raiz de gengibre** fresca

Corte as cenouras e a maçã em pedaços iguais, adicione a raiz de gengibre e centrifugue. Despeje em um copo e acrescente cubos de gelo.

RENDE

Boa fonte de vitaminas A, C, B_1 e B_6, potássio, ferro e cálcio

Hortaliças vitais 73

Os sucos são uma ótima forma de introduzir hortaliças aos poucos na dieta de crianças enjoadas para comer, em especial quando combinadas com frutas doces. O pepino é altamente hidratante, fazendo deste suco um ótimo refresco para crianças ativas.

Mágico de Oz

100 g de **manga**
200 g de **maçã,** sem casca
125 g de **pepino,** sem casca

Centrifugue os ingredientes e bata no liqüidificador com um pouco de gelo para obter uma raspadinha de frutas.

RENDE

Boa fonte de vitaminas A e C, cálcio e potássio

Tecnicamente é uma fruta, mas muitas pessoas classificam o altamente nutritivo abacate como uma hortaliça. Qualquer que seja sua classificação oficial, ele é uma papinha de nenê completa, em especial quando combinado com pêras bem docinhas. Se quiser fazer disso uma vitamina gostosa, triplique a quantidade de pêra que irá centrifugar e bata no liqüidificador com um pouco de gelo.

Barriguinha cheia

75 g de **abacate**

125 g de **pêra**

Abra o abacate e retire o caroço. Centrifugue a pêra e bata no liqüidificador com a polpa do abacate.

RENDE

Boa fonte de vitaminas C, B e E, potássio e magnésio

Perfeito para crianças que gostam de leite, mas têm intolerância à lactose — uma bebida doce sem leite, que vai nutrir e sustentar seu filho, sem levar às alturas seu nível de açúcar no sangue.

Oba-oba

250 g de **abacaxi**
100 g de **pastinaga***
100 g de **cenoura**
75 ml de **leite de soja**

Descasque o abacaxi, retire o miolo e corte a polpa em pedaços. Centrifugue o abacaxi, a pastinaga e a cenoura. Bata no liqüidificador com o leite de soja e um pouco de gelo. Decore com triângulos de abacaxi, se desejar.

RENDE 🥛🥛

Boa fonte de vitamina C, potássio, betacaroteno, cálcio e ácido fólico

*N.T.: Também conhecida como chirivia, a pastinaga não é cultivada no Brasil. É uma raiz, parente da cenoura, porém de coloração mais pálida. É bastante doce, com gosto que lembra o da mandioquinha (batata-baroa).

Rica em ferro, cálcio e potássio, esta bebida sem lactose é ótima para os dentes, os ossos e para prevenir resfriados. A banana é rica em triptofano, conhecido por suas propriedades calmantes; portanto, este é um bom suco para se tomar ao fim de um dia agitado.

Brilho no escuro

150 g de **cenoura**
100 g de **laranja**
100 g de **banana**
6 **damascos secos**

Centrifugue a cenoura e a laranja. Bata no liqüidificador com a banana, os damascos e um pouco de gelo.

RENDE

Boa fonte de vitaminas A e C, cálcio, potássio e ferro

Um suco super verde com um sabor doce e uma boa dose de vitaminas, que ajudará a manter o nível de energia e talvez seja uma tentação para quem se recusa a comer qualquer coisa verde.

Graminha

200 g de **brócolis**

200 g de **maçã,** como a Gala ou Fuji

50 g de **espinafre**

50 g de **uvas verdes**

Pique o brócolis grosseiramente e corte a maçã em quatro. Centrifugue tudo e depois bata no liqüidificador com um pouco de gelo.

RENDE

Boa fonte de vitaminas A e C, selênio e zinco

Hortaliças vitais

super vitaminas

Às vezes tudo é uma questão de apresentação, e esta vitamina vale o esforço. Saborosa e riquíssima em nutrientes, é perfeita para o café da manhã.

Napolitano

250 g de **framboesas**
200 ml de **suco de maçã**
200 g de **mirtilos***
4 colheres (sopa) de **coalhada seca**
100 ml de **leite desnatado**
1 colher (sopa) de **mel claro,** ou a gosto
1 colher (sopa) de **germe de trigo**
(opcional)

Faça um purê com as framboesas e metade do suco de maçã. Faça um purê com os mirtilos e o restante do suco de maçã. Misture a coalhada seca, o leite, o mel e o germe de trigo, se for usar. Acrescente uma colherada do purê de framboesa.

Despeje o purê de mirtilo em um copo. Cubra com a mistura de coalhada seca e finalize com o purê de framboesa. Sirva gelado.

RENDE

Boa fonte de vitamina C, cálcio, ferro, magnésio, potássio, fósforo e zinco

*N.T.: O mirtilo (*blueberry*) é uma fruta pouco cultivada no Brasil, mas pode ser encontrada em bons supermercados e casas especializadas.

Minduim

A não ser que seu filho seja alérgico a nozes, esta vitamina fabulosamente cremosa é um lanche fantástico que enche a barriga e é bem melhor que alguns biscoitos ou um pacote de salgadinhos. Se seu filho tem intolerância à lactose, use leite de arroz ou de soja.

1 **banana madura**
300 ml de **leite desnatado**
1 colher (sopa) de **creme de amendoim**

Descasque a banana, corte em rodelas e coloque em recipiente que vá ao congelador. Congele por 2 horas, no mínimo, ou de um dia para o outro. Coloque a banana, o leite e o creme de amendoim no liqüidificador e bata até obter uma mistura cremosa. Sirva imediatamente.

RENDE

Boa fonte de vitaminas C, B_1, B_2, B_6 e B_{12}, ácido fólico, niacina, cálcio, cobre, potássio, zinco, magnésio e fósforo

Esta vitamina, rica em carboidratos e com baixo teor de gordura, é uma excelente opção para repor as energias e aliviar músculos cansados. Bananas são ricas em potássio, um mineral vital para o bom funcionamento dos músculos e dos nervos. É ótima no café da manhã ou no lanche da tarde com barras de cereais ou pão sírio com *homus*.

Chuva de estrelas

1 **banana madura pequena**
75 g de **morangos**
250 ml de **suco de laranja**

Descasque a banana e retire os cabinhos dos morangos. Coloque as frutas em recipientes para congelar e deixe no congelador por 2 horas, no mínimo, ou de um dia para o outro. Coloque as frutas congeladas e o suco de laranja no liqüidificador e bata até obter uma mistura cremosa. Decore com morangos, se quiser, e sirva imediatamente.

RENDE

Boa fonte de vitaminas C, B_1 e B_6, ácido fólico, magnésio, zinco e fósforo

Super vitaminas

Frutinhas de verão são ricas em vitaminas C e B. Têm uma cor forte e um sabor marcante, por isso são ideais para fazer vitaminas. Do ponto de vista nutricional, frutas congeladas são tão boas quanto as frescas, e estão disponíveis o ano todo. O leite de soja é uma boa alternativa para substituir o leite de vaca no caso de crianças intolerantes à lactose, mas procure utilizar uma marca que seja enriquecida com cálcio para obter o máximo em nutrição.

Pantera cor-de-rosa

150 g de **frutinhas vermelhas mistas congeladas**
300 ml de **leite de soja sabor baunilha**
1 colher (chá) de **mel claro** (opcional)

Coloque as frutinhas, o leite de soja e o mel, se for usar, no liqüidificador e bata até engrossar. Sirva imediatamente, decorada com frutinhas extras, se preferir.

RENDE

Boa fonte de vitaminas C, B_1, B_2 e B_6, ácido fólico, cobre, potássio, zinco, magnésio, fósforo, cálcio e ferro

Super vitaminas

Esta vitamina é tão encorpada que dá para comer de colher, tornando-a uma fantástica sobremesa para o verão. Procure intercalar camadas de manga e de groselha preta em formas de picolé para fazer uma deliciosa e refrescante combinação de frutas que as crianças irão adorar.

Tigrão

3 **mangas**
2 colheres (sopa) de ***sorbet* de manga**
100 ml de **suco de maçã**
200 g de **groselhas pretas** ou **mirtilos***

Descasque as mangas, e corte a polpa em cubos. Faça um purê da manga com o *sorbet* de manga e metade do suco de maçã. Leve à geladeira. Faça um purê com as groselhas pretas e o restante do suco de maçã.

Para servir, divida a vitamina de manga em dois copos. Coloque uma colher sobre o purê de manga e despeje sobre ela o purê de groselha preta. Introduza uma colher de chá ou um canudo na borda interna do copo para fazer listas verticais em toda sua volta.

RENDE

*N.T.: O mirtilo (*blueberry*) é uma fruta pouco cultivada no Brasil, mas pode ser encontrada em bons supermercados e casas especializadas.

Boa fonte de vitamina C, betacaroteno, potássio, magnésio, zinco e cálcio

Sucos e vitaminas são ótimos para manter os níveis de energia quando as crianças não querem comer. Em vez de sentar a criança formalmente à mesa, que tal pôr um copo com este delicioso suco em um lugar de fácil alcance, junto com um lanche rico em proteína, e deixar que se sirva à vontade? Lembre-se que a dificuldade para fazer uma criança comer se dá sempre que "forçamos a barra" e queremos impor nossa autoridade.

Tutti-frutti

1 **manga**
3 **maçãs**, de preferência vermelhas
2 **maracujás**

Descasque a manga e retire o caroço. Corte a manga e as maçãs em pedaços iguais. Abra os maracujás, retire a polpa e passe por uma peneira para remover as sementes. Centrifugue todos os ingredientes. Despeje o suco em um copo e adicione alguns cubos de gelo, se quiser.

RENDE

Boa fonte de vitaminas A e C, potássio, magnésio, fósforo e ferro

Super vitaminas

Pare, olhe, beba

Uma vitamina encorpada e colorida, que é excelente fonte de vários nutrientes. Você pode variar as frutas utilizadas, desde que mantenha as cores vermelho/amarelo/verde se quiser que pareça um semáforo de verdade.

3 **kiwis**
150 ml de **iogurte sabor cítrico,** como limão ou laranja
1 **manga pequena**
2 colheres (sopa) de **suco de laranja** ou **maçã**
150 g de **framboesas**
1–2 colheres (chá) de **mel claro**

Descasque e pique grosseiramente os kiwis; bata no liqüidificador até obter um purê. Coloque a mistura de kiwi em dois copos altos. Acrescente uma colherada de iogurte, espalhando-o para cobrir toda a superfície.

Descasque a manga e pique a polpa grosseiramente. Bata a manga com o suco de laranja ou de maçã até virar um purê e divida entre os copos. Cubra com mais uma camada de iogurte.

Bata as framboesas e passe por uma peneira para retirar as sementes. Experimente para confirmar se estão doces. Talvez você precise colocar um pouco de mel se estiverem muito ácidas. Coloque o purê de framboesa em copos.

RENDE

Boa fonte de vitamina C, betacaroteno, potássio, cálcio e magnésio

96 Super vitaminas

Uma deliciosa vitamina que fornece cálcio para ajudar no desenvolvimento de dentes e ossos saudáveis. Se seu filho tem intolerância à lactose ou fica freqüentemente resfriado e com sinusite, use iogurte de soja. Você também pode usar morangos ou framboesas.

Beleza negra

200 g de **groselhas pretas** ou **amoras**
100 ml de **suco de maçã**
300 ml de **iogurte natural**
2 colheres (sopa) de **mel claro**

Se usar groselhas pretas, retire todos os cabinhos. Reserve algumas frutinhas para decorar, e congele o restante por 2 horas ou de um dia para o outro.

Bata as groselhas pretas ou as amoras congeladas no liqüidificador com o suco de maçã e metade do iogurte até ficar cremoso. Coloque em copos. Misture o restante do iogurte com o mel. Coloque uma colherada sobre a mistura de frutas e sirva decorada com as frutas reservadas.

RENDE ☐☐

Boa fonte de vitamina C, cálcio e magnésio

Esta vitamina é uma excelente fonte de cálcio, fornecendo quase 1/3 dos valores diários recomendados. O cálcio é essencial para formar e manter saudáveis os ossos. Também tem um papel importante no processo de transmissão nervosa, na coagulação sangüínea e nas funções musculares. Os damascos em calda são um item útil para se ter na despensa e proporcionam uma fonte extra de carboidratos.

Nuvem de damasco

200 g de **damascos** em calda, drenados
150 ml de **iogurte de damasco**
150 ml de **leite desnatado,** gelado

Coloque os damascos, o iogurte e o leite no liqüidificador e bata até a mistura ficar cremosa. Sirva em copos e decore com fatias de damascos. Beba imediatamente.

RENDE

Boa fonte de vitaminas A, C, B_1, B_2, B_6 e $B1_{12}$, cálcio, potássio, zinco, magnésio e fósforo

Super vitaminas 101

O suco de laranja é riquíssimo em vitamina C, vital para a absorção de ferro pelo organismo — uma boa opção se seu filho está anêmico ou se recuperando de uma doença.

Flor de laranjeira

125 g de **morangos**
1 **manga madura pequena**
300 ml de **suco de laranja** ou
3 **laranjas,** centrifugadas

Retire os cabinhos dos morangos, e congele por 2 horas ou de um dia para o outro. Descasque a manga e pique a polpa grosseiramente. Coloque os morangos congelados, a manga e o suco de laranja no liqüidificador e bata até obter uma mistura cremosa. Despeje em formas de picolé e leve ao congelador.

RENDE

Boa fonte de vitaminas A, C, B_1, B_2 e B_6, ácido fólico, cobre, potássio, magnésio e fósforo, cálcio e ferro

As bananas são perfeitas para uma vitamina bem cremosa e muito boas para crianças ativas, pois são ricas em carboidratos e potássio. Também contêm uma fibra especial, o frutooligossacarídeo, que estimula o desenvolvimento de bactérias saudáveis no intestino.

Manganana

1 **banana madura**
1 **manga madura**
200 ml de **suco de laranja**
200 ml de **leite desnatado**
3 colheres (sopa) de **queijo *petit suisse****

Descasque a banana e corte em rodelas. Descasque a manga e pique a polpa grosseiramente. Coloque a banana, a manga, o suco de laranja, o leite, o queijo e alguns cubos de gelo no liqüidificador e bata até obter uma mistura cremosa. Despeje em copos e sirva imediatamente.

RENDE

Boa fonte de vitaminas A, C, B_1, B_2, B_6 e B_{12}, ácido fólico, cálcio, potássio, magnésio e fósforo

*N.T.: O *petit suisse* é um queijo fresco de altíssima umidade, de textura semelhante à da coalhada seca. Pode ser substituído por iogurte cremoso ou queijo *quark*.

Super vitaminas

As amoras e o suco de uva contêm antioxidantes que são importantíssimos para a boa saúde. Além disso, o suco de uva é uma boa fonte de potássio, que é essencial para o perfeito funcionamento dos nervos, das células e dos músculos. A utilização de ricota, queijo *quark* ou *petit suisse* deixa a bebida com sabor e textura cremosos, e também eleva o nível de cálcio e proteína. Se você não encontrar esses queijos, use iogurte orgânico natural.

Monstro roxo

125 g de **amoras congeladas**
300 ml de **suco de uva**
3 colheres (sopa) de **queijo *quark*** * ou ***petit suisse*** * *
1 colher (chá) de **mel claro** (opcional)

Coloque as amoras, o suco de uva e o queijo *quark* ou *petit suisse* no liqüidificador, acrescente o mel, se usar, e bata até obter uma mistura cremosa.

RENDE

Boa fonte de vitaminas C, B_1, B_2, B_6 e B_{12}, ácido fólico, cálcio, ferro, magnésio e fósforo

*N.T.: O queijo *quark* é um queijo fresco, magro, macio e úmido. Pode ser substituído por ricota fresca e macia.
**N.T.: O *petit suisse* é um queijo fresco de altíssima umidade, com textura semelhante à da coalhada seca.

106 Super vitaminas

A combinação de bananas, amêndoas moídas e leite de soja faz desta uma bebida altamente nutritiva. É melhor usar uma banana bem madura (com a casca bem amarela e já com pontinhos pretos), pois as menos maduras são, em geral, indigestas. As amêndoas são excelentes fontes de vitamina E e de muitos minerais.

Pula-pula

1 **banana bem madura**
250 ml de **leite de soja**
20 g de **amêndoas moídas**
uma pitada de **canela em pó**
um pouco de **mel** (opcional)

Descasque a banana, corte em rodelas e coloque em recipiente que vá ao congelador. Congele por 2 horas, no mínimo, ou de um dia para o outro. Coloque a banana congelada, o leite de soja, as amêndoas moídas e a canela no liqüidificador. Adicione o mel, se usar, e bata até ficar grosso e espumante. Despeje em um copo e sirva imediatamente com cubos de gelo e decorado com canela em pó.

RENDE ⊔⊔

Boa fonte de vitaminas C, E, B_1, B_2 e B_6, niacina, ácido fólico, cobre, potássio, zinco, magnésio, fósforo e cálcio

Super vitaminas

Sem tempo para preparar frutas? Não se preocupe, esta vitamina é simples, saudável e fica pronta num minuto. Perfeita para mães ocupadas e crianças que gostam de ajudar na cozinha, é rica em cálcio e em betacaroteno, um estimulante imunológico.

Zás-trás

400 g de **pêssegos** em calda, drenados
150 ml de **iogurte de pêssego** ou de **damasco**
200 ml de **suco de laranja**
um pouco de **mel** (opcional)

Coloque os pêssegos no liqüidificador junto com o iogurte, o suco de laranja e o mel, se usar, e bata até obter uma mistura cremosa. Adicione alguns cubos de gelo, se quiser, e decore com o iogurte que sobrou.

RENDE

Boa fonte de vitaminas C, B_1, B_2 e B_6, ácido fólico, cálcio, potássio e fósforo

Super vitaminas

Esta é uma bebida deliciosamente doce, refrescante e ótima para a reidratação após exercícios físicos, quando a energia está esgotada. Se preferir, você pode usar suco de abacaxi no lugar do suco de maracujá.

Mix refrescante

300 g de **polpa de melancia**
2 **kiwis**
200 ml de **suco de maracujá**

Abra a melancia, retire as sementes e corte a polpa em cubos. Coloque em recipiente que vá ao congelador e congele por 2 horas, no mínimo, ou de um dia para o outro.

Descasque e pique grosseiramente os kiwis, e coloque no liqüidificador com a melancia e o suco de maracujá; processe até engrossar. Sirva imediatamente.

RENDE

Boa fonte de vitaminas A, C, B_1, B_2 e B_6, cobre, potássio, zinco, magnésio, fósforo, ferro e cálcio

Um tônico excelente e refrescante. O mamão é uma boa fonte de vitamina C, betacaroteno – o precursor da vitamina A – e da enzima papaína, que cicatriza o aparelho digestivo. Um copo desta vitamina manterá os sapequinhas cheios de energia e com desenvolvimento saudável. Uma lata de 400 g de damascos em calda em seu suco natural pode ser usada no lugar do mamão e do suco de maçã para uma versão rápida bem conveniente.

Macaco malandro

1 **mamão**
1 **banana**
1 **laranja**
300 ml de **suco de maçã**

Abra o mamão e elimine as sementes, retire a polpa com uma colher e coloque no liqüidificador. Descasque a banana e corte em rodelas; descasque a laranja e separe a polpa em gomos. Coloque tudo no liqüidificador com o suco de maçã e um pouco de gelo. Bata até obter uma mistura cremosa e sirva.

RENDE

Boa fonte de vitaminas A e C, cálcio, potássio, magnésio e ferro

Uma vitamina cremosa que é uma refeição por si só, esta é uma excelente opção para a recuperação infantil, pois o abacate é considerado um alimento completo e de fácil digestão. Quando combinado com banana e leite, torna-se um ótimo combustível para o crescimento e a recuperação.

Poção mágica

1 **abacate pequeno maduro**
1 **banana pequena madura**
250 ml de **leite desnatado**

Abra o abacate, elimine o caroço e retire a polpa; descasque a banana. Coloque o abacate, a banana e o leite no liqüidificador e bata até obter uma mistura cremosa. Despeje em um copo e adicione alguns cubos de gelo; decore com um triângulo de abacaxi, se quiser, e sirva imediatamente.

RENDE

Boa fonte de vitaminas C, E, B_1, B_2, B_6 e B_{12}, ácido fólico, cálcio, potássio, cobre, zinco, magnésio e fósforo

Esta combinação campeã pode ser facilmente adaptada para uma versão rápida usando pêssegos ou damascos em calda. Você também pode substituir os pêssegos por nectarinas, se for mais fácil encontrá-las. É uma ótima forma de acrescentar cálcio à dieta do seu filho se ele for enjoado para comer verduras.

Pêssegos com creme

1 **pêssego grande**
150 ml de **iogurte natural**
50 ml de **leite**
algumas **framboesas**, para decorar

Descasque o pêssego, tire o caroço e pique a polpa grosseiramente. Coloque o pêssego, o iogurte e o leite no liqüidificador e bata até obter uma mistura cremosa. Decore com as framboesas.

RENDE

Boa fonte de vitamina C, betacaroteno e zinco

Se seu filho está com dor da cabeça aos pés e parece estar apático, você precisa repor o potássio, vital para o seu organismo, e um pouco de vitamina C. Ele também pode se beneficiar de uma dose extra de vitaminas do complexo B. Esta vitamina de frutas promete fornecer boas doses dos três itens, fortalecendo um sistema imunológico sobrecarregado.

Super shake

100 g de **morangos**
300 g de **abacaxi**
1 **banana**

Tire o cabinho dos morangos. Descasque o abacaxi, tire o miolo e pique a polpa grosseiramente. Centrifugue o abacaxi e o morango, e coloque o suco no liqüidificador. Adicione a banana e alguns cubos de gelo, e bata até a mistura ficar cremosa. Sirva decorada com morangos.

RENDE

Boa fonte de vitaminas C e B, magnésio, potássio e zinco

Super vitaminas 117

Se seu filho está muito agitado ou ansioso e não consegue dormir, uma vitamina deliciosa na hora de dormir deve resolver o problema. Leite de soja e amêndoas são muito ricos em triptofano. Este aminoácido é convertido no organismo em serotonina, que atua no cérebro, combatendo a insônia, acalmando os nervos e ajudando a relaxar. Este suco também é rico em magnésio e vitamina C, o que faz dele um bom estimulante das glândulas supra-renais e do sistema imunológico.

Bela adormecida

100 g de **morangos frescos** ou **congelados**
200 ml de **leite de soja**
2 **kiwis**
25 g de **amêndoas em lascas**
(opcional)

Tire o cabinho dos morangos. Coloque todos os ingredientes no liqüidificador. Se usar morangos frescos em vez de congelados, acrescente alguns cubos de gelo e bata até obter uma mistura cremosa. Despeje em um copo e decore com amêndoas em lascas, se quiser.

RENDE

Boa fonte de vitaminas C e E, zinco, triptofano, cálcio e magnésio

Esta vitamina deve evitar pedidos de *milk-shakes* doces e cheios de aditivos, além de ser muito mais saudável do que as versões de lanchonete.

Céu de brigadeiro

1 **banana**
2 colheres (sopa) de **cacau em pó orgânico**
300 ml de **leite desnatado**
100 ml de **suco de maçã**
2 bolas grandes de **sorvete de creme**

Descasque a banana e pique grosseiramente. Ponha tudo no liqüidificador e bata. Despeje em um copo e polvilhe com cacau em pó ou raspas de chocolate.

RENDE ☐☐

Boa fonte de vitamina C, cálcio, potássio, triptofano e magnésio

120 Super vitaminas

As bananas e as mangas são fontes de fibra, fazendo desta uma vitamina que sacia e agrada, com uma boa dose de carboidratos, que fornecem energia para antes e depois das atividades físicas. O iogurte é excelente fonte de cálcio, essencial para deixar os ossos fortes e saudáveis.

Amarelinha

1 **banana grande**
1 **manga madura grande**
150 ml de **iogurte orgânico natural**
300 ml de **suco de abacaxi**

Descasque a banana, corte em rodelas e coloque em recipiente que vá ao congelador. Congele por 2 horas, no mínimo, ou de um dia para o outro.

Descasque a manga, corte a polpa em cubos. Coloque a banana congelada, a manga, o iogurte e o suco de abacaxi no liqüidificador. Bata até obter uma mistura cremosa e sirva imediatamente, decorada com uma fatia de banana, se quiser.

RENDE

Boa fonte de vitaminas A, C, B_1, B_2 e B_6, ácido fólico, cálcio, potássio, cobre, magnésio e fósforo

122 Super vitaminas

Uma vitamina para todos os fins – é de fácil absorção e um excelente estimulante energético. A banana e o mamão fornecem fibras essenciais; acrescentar o iogurte é uma forma eficaz de aumentar o teor de cálcio, indispensável para a saúde e o fortalecimento dos ossos – um verdadeiro tônico biônico.

Tônico biônico

1 **banana pequena**
½ **mamão grande maduro**
75 ml de **iogurte orgânico natural**
150 ml de **suco de maçã**

Descasque a banana, corte em rodelas e coloque em recipiente que vá ao congelador. Congele por 2 horas, no mínimo, ou de um dia para o outro. Descasque o mamão, elimine as sementes e pique a polpa grosseiramente. Coloque-o no liqüidificador com a banana congelada, o iogurte e o suco de maçã. Bata até a mistura ficar cremosa e sirva imediatamente, decorada com cubinhos de mamão, se quiser.

RENDE

Boa fonte de vitaminas A, C, B_1, B_2 e B_6, ácido fólico, potássio, cobre, magnésio e fósforo

Índice remissivo

A
abacate 14
  Barriguinha cheia 76
  Poção mágica 114
abacaxi 12
  Céu aberto 25
  Oba-oba 78
  Submarino amarelo 34
  Super shake 117
  Vá de verde 32
Abracadabra 68
Abraço no copo 52
açúcar 8
aditivos 8
adoçantes artificiais 8
agitação 118
água 8, 9
  Amasso de framboesa 54
  Azedinho doce 42
  Barão vermelho 29
  Criança de ferro 56
  Maçã sã 47
  Pontapé inicial 39
água com gás
  Vulcão vermelho 51
aipo 14
  Sonho verde 64
  Pura energia 67
alface 14-15
alho poró 15
alimento natural 8
alimento orgânico 9
Amarelinha 122
Amasso de framboesa 54
ameixa, Delícia de ameixa 35
amêndoas
  Bela adormecida 118
  Pula-pula 107
amora
  Beleza negra 98
  Maçã sã 47
  Meio-tempo 48
  Monstro roxo 106
amoras congeladas, Monstro roxo 106
anemia 102
ansiedade 118
autoconfiança 6
Azedinho doce 42

B
banana 12
  Amarelinha 122
  Brilho no escuro 81
  Céu de brigadeiro 120
  Chuva de estrelas 89
  Macaco malandro 113
  Manganana 105
  Minduim 88
  Poção mágica 114
  Pula-pula 107

  Super shake 117
  Tônico biônico 125
Barão vermelho 29
Barriguinha cheia 76
bebidas gasosas 8
Bela adormecida 118
berinjela 15
beterraba 14
  Super poderoso 66
Boa viagem 73
Bola de fogo 20
Brilho no escuro 81
brócolis 14
  Graminha 82
broto de alfafa, Sonho verde 64
broto de feijão 14, 64
brotos de sementes 14, 64

C
cacau em pó, Céu de brigadeiro 120
cafeína 8
câncer 6
canela, Pula-pula 107
cansaço 29
Capetinha vermelho 40
Capitão Z 62
Carga na bateria 38
C em dose dupla 22
cenoura 14
  Abracadabra 68
  Boa viagem 73
  Brilho no escuro 81
  Capitão Z 62
  Oba-oba 78
  Pura energia 67
  Super poderoso 66
centrífugas 10
cereja 12
  Vulcão vermelho 51
Céu aberto 25
Céu de brigadeiro 120
Chuva de estrelas 89
cicatrização de arranhões 47
cicatrização de cortes 47
Coceguinha 24
coco 15
congelar produtos frescos 9
constipação 24
cor, frutas e hortaliças 9
Beleza negra 98
Corre, coelhinho, corre! 59
cozinhar 8
creme de amendoim, Minduim 88
Criança de ferro 56

D
damasco 12
  Brilho no escuro 81

  Nuvem de damasco 101
  Pesseguinho 46
  Surpresa dourada 36
damascos em calda, Nuvem de damasco 101
damascos secos, Brilho no escuro 81
deficiência de ferro 56
Delícia de ameixa 35
dentes 20, 81, 98
desidratação 8
diabetes 6
dieta 6
digestão 8, 24, 25, 71, 73
dor de garganta 18, 29
Doutor, doutor! 58

E
energia 8
energia, fonte de 8
  Bola de fogo 20
  Carga na bateria 38
  Céu aberto 25
  Eu tenho a força! 30
  Graminha 82
  Macaco malandro 113
  Pontapé inicial 39
  Sapo no papo 44
  Submarino amarelo 34
  Tônico biônico 125
  Vá de verde 32
enzimas 8
equipamentos 10
espinafre 14
  Graminha 82
esportes, vide exercícios físicos
estimulante cerebral 62
Eu tenho a força! 30
exercícios físicos 25, 40, 110
extração de suco 8-11
extratores de suco 10

F
fabricantes de alimentos 6
fibra 122, 125
fígado 72
fitonutrientes 8
Flor de laranjeira 102
framboesa 12
  Amasso de framboesa 54
  Capetinha vermelho 40
  Napolitano 86
  Pare, olhe e beba 96
  Pêssegos com creme 116
frutas 12-13
  inadequada para fazer suco 15
  meta de ingerir cinco-por-dia 8
  sucos 18-59

frutas e hortaliças cruas 8
frutinhas congeladas, Pantera cor-de-rosa 90
frutinhas vermelhas de verão, Pantera cor-de-rosa 90

G
gengibre
  Boa viagem 73
  Capitão Z 62
germe de trigo, Napolitano 86
glândulas supra-renais 72, 118
Graminha 82
groselha preta 12
  Beleza negra 98
  Coceguinha 24
  Beleza negra 98
  Tigrão 92
groselha, Barão vermelho 29
guloseima 6

H
hábitos alimentares 6
hortaliças 14-15
  inadequadas para fazer suco 15
  meta de ingerir cinco-por-dia 8
  sucos 62-83

I
ingredientes inadequados para fazer suco 15
insônia 118
iogurte
  Amarelinha 122
  Beleza negra 98
  Nuvem de damasco 101
  Pêssegos com creme 116
  Tônico biônico 125
  Zás-trás 108

K
kiwi 12
  Bela adormecida 118
  C em dose dupla 22
  Carga na bateria 38
  Doutor, doutor! 58
  Kiwi maluco 26
  Meio-tempo 48
  Mix refrescante 110
  Pare, olhe e beba 96
  Sapo no papo 44
Kiwi maluco 26

L
laranja 12
  Abracadabra 68

Abraço no copo 52
Amasso de framboesa 54
Azedinho doce 42
Barão vermelho 29
Brilho no escuro 81
C em dose dupla 22
Doutor, doutor! 58
Flor de laranjeira 102
Macaco malandro 113
Morangotango 18
Refresco de laranja 71
Pura energia 67
Super poderoso 66
leite de soja
  Bela adormecida 118
  Oba-oba 78
  Pantera cor-de-rosa 90
  Pula-pula 107
  vide leite
leite
  Céu de brigadeiro 120
  Manganana 105
  Minduim 88
  Napolitano 86
  Nuvem de damasco 101
  Pêssegos com creme 116
  Poção mágica 114
  vide leite de soja
limão siciliano, Céu
  aberto 25
limão, Capitão Z 62
limpeza das centrífugas 11
liqüidificadores 10

M
maçã 12
  Abracadabra 68
  Abraço no copo 52
  Boa viagem 73
  Coceguinha 24
  Corre, coelhinho, corre! 59
  Criança de ferro 56
  Delícia de ameixa 35
  Eu tenho a força! 30
  Graminha 82
  Maçã sã 47
  Mágico de Oz 74
  Pesseguinho 46
  Sonho verde 64
  Tutti-frutti 95
  Vá de verde 32
Maçã sã 47
Macaco malandro 113
Mágico de Oz 74
mamão 13
  Macaco malandro 113
  Refresco de laranja 71
manga 13
  Amarelinha 122
  Azedinho doce 42
  Bola de fogo 20
  Eu tenho a força! 30
  Flor de laranjeira 102
  Mágico de Oz 74
  Manganana 105
  Pare, olhe e beba 96
  Tigrão 92
  Tônico biônico 125
  Tutti-frutti 95

Manganana 105
maracujá
  Eu tenho a força! 30
  Surpresa dourada 36
  Tutti-frutti 95
Meio-tempo 48
mel
  Abraço no copo 52
  Azedinho doce 42
  Barão vermelho 29
  Beleza negra 98
  Monstro roxo 106
  Napolitano 86
  Pantera cor-de-rosa 90
  Pare, olhe e beba 96
  Pula-pula 107
  Zás-trás 108
melancia
  Capetinha vermelho 40
  Mix refrescante 110
  Vulcão vermelho 51
  vide melão
melão 13
  Bola de fogo 20
  Capitão Z 62
  Meio-tempo 48
  Pontapé inicial 39
  Sapo no papo 44
  Suco da hora 72
  Vá de verde 32
  vide melancia
meta de ingerir cinco-
  por-dia (frutas e
  hortaliças) 8
Minduim 88
minerais 8
mirtilo 13
  Napolitano 86
  Tigrão 92
Mix refrescante 110
Monstro roxo 106
morango 13
  Barão vermelho 29
  Bela adormecida 118
  Chuva de estrelas 89
  Criança de ferro 56
  Doutor, doutor! 58
  Flor de laranjeira 102
  Morangotango 18
  Suco da hora 72
  Super poderoso 66
  Super shake 117
  Vulcão vermelho 51
Morangotango 18

N
Napolitano 86
náusea 73
nectarinas, Surpresa
  dourada 36
Nuvem de damasco 101

O
Oba-oba 78
obesidade 6
ossos 20, 81, 98, 101, 122,
  125
oxicoco 13
  Azedinho doce 42

P
Pantera cor-de-rosa 90
Pare, olhe e beba 96
pastinaga, Oba-oba 78
pepino 15
  Mágico de Oz 74
  Refresco de laranja 71
  Suco da hora 72
pêra 13
  Abraço no copo 52
  Barriguinha cheia 76
  Céu aberto 25
  Corre, coelhinho, corre! 59
  Kiwi maluco 26
  Submarino amarelo 34
pêssego 13
  Criança de ferro 56
  Pêssegos com creme 116
  Pesseguinho 46
  Surpresa dourada 36
  Zás-trás 108
Pêssegos com creme 116
pêssegos em calda, Zás-
  trás 108
Pesseguinho 46
picolés 11
  Barão vermelho 29
  Criança de ferro 56
  Flor de laranjeira 102
  Morangotango 18
  Sapo no papo 44
  Tigrão 92
Poção mágica 114
polpa 10
Pontapé inicial 39
problemas cardíacos 6
propriedades calmantes 81,
  118
propriedades laxativas 35,
  59
Pula-pula 107
Pura energia 67
purificação (sistema
  digestivo) 24

Q
quantidade de suco 11
queijo *petit suisse*
  Monstro roxo 106
  Manganana 105
queijo *quark*, Monstro roxo
  106

R
Refresco de laranja 71
reidratação 8, 71, 74, 110
resfriados 18, 81
rins 72
ruibarbo 15

S
Sapo no papo 44
saúde 6
saúde perfeita 6
sistema imunológico 8, 22,
  52, 62, 117, 118
Sonho verde 64
sono 6
sorbet de manga, Tigrão 92

sorvete, Céu de brigadeiro
  120
Submarino amarelo 34
Suco da hora 72
suco de abacaxi
  Amarelinha 122
  Tônico biônico 125
suco de laranja
  Bola de fogo 20
  Chuva de estrelas 89
  Flor de laranjeira 102
  Manganana 105
  Pare, olhe e beba 96
  Vulcão vermelho 51
  Zás-trás 108
suco de maçã
  Céu de brigadeiro 120
  Beleza negra 98
  Macaco malandro 113
  Meio-tempo 48
  Napolitano 86
  Pare, olhe e beba 96
  Surpresa dourada 36
  Tigrão 92
suco de maracujá, Mix
  refrescante 110
suco de uva, Monstro roxo
  106
sucos isotônicos 39, 54
Super poderoso 66
Super shake 117
Surpresa dourada 36

T
Tigrão 92
tomate 15
  Pura energia 67
  Tônico biônico 125
trituração 10
Tutti-frutti 95

U
uva 13
  Carga na bateria 38
  Graminha 82
  Pontapé inicial 39
  Sapo no papo 44

V
Vá de verde 32
visão 62
vitaminas 8, 86-125
Vulcão vermelho 51

Z
Zás-trás 108

Agradecimentos

Os editores gostariam de agradecer a Kiara, Michaela, Ellen, Samuel, Charlotte, Daisy, Joshua, Martha, Willoughby, Ellie, Milly, Avni, Charlie, Sam, Ines, Elliot, Frazer, Scarlett, Elsie, Annie, Jack e Imogen por terem sido modelos tão maravilhosos.

EDITOR EXECUTIVO Nicola Hill
EDITORA Lisa John
DIRETOR DE CRIAÇÃO Geoff Fennell
CONTROLADOR SÊNIOR DE PRODUÇÃO Ian Paton

FOTOGRAFIA ESPECIAL
© Octopus Publishing Group Limited/Vanessa Davies
ESTILISTA Marianne De Vries
ESPECIALISTAS EM ECONOMIA DOMÉSTICA Cara Hobday e Katie Bishop